Buch 1

Gesundheit ist ein schönes Wort

doch meistens nicht von Dauer

aus eigener Erfahrung berichtet von

Barbara Mitteis

Buch 1

Ich schreibe keine traurigen Gedichte, ich schreibe besinnliche Gedichte. Und in diesen besinnlichen Versen liegen verabschiedete Illusionen und bittere Erfahrungen, die ich mit einem Lächeln überwunden habe.

Ich begriff schwerlich, dass die meisten Menschen nicht in den Augen lesen können und darin Analphabeten sind und sich in der Herzenssprache als Legastheniker erweisen!

Ich begriff noch viel schwerer, dass der Mensch in einer dauernden Erwartung lebt und daher immerzu enttäuscht wird. Ich habe meinen mühsamen Lebensweg nicht gewählt, ich bekam ihn aufgezwungen. Ich habe eine große Strecke hinter mich gebracht und werde wohl noch ein Stück gehen müssen.

Ich will anfangen, von Gott alles zu erwarten und von den Menschen nichts zu erhoffen.

Ich möchte ihnen weiterhin alles geben, was mir möglich ist, um fernerhin von ihnen mit guten und mit schlechten Erfahrungen beschenkt zu werden.

Wenn sich die Menschen meiner erinnern, freut es mich. Ich möchte dennoch vorwärtsschreiten und nicht mehr erwarten, dass sie an mich denken, nicht einmal – und diesen Satz begleitet wiederum ein kleines Lächeln – nicht einmal dann, wenn über mich das Gras gewachsen ist!

Barbara Mitteis 1989

Barbara Mitteis wurde am 28. Juni 1947 in Biberach an der Riß geboren.

Mit dreißig Jahren erkrankte sie schwer und unheilbar. Ihre Krankheit schwächte sie nach und nach, sie prägte stark ihr Leben und ihr Werk. Ihr tiefer Glaube und ihr Talent mit Worten zaubern zu können, befähigte sie, ihren Pflichten als Hausfrau nachzukommen und ihren später kranken Mann bis zu seinem Tod im Jahr 2009 zu pflegen.

Mit den schwindenden Kräften schrumpfte auch ihre äußere Welt. Umso mehr aber wuchs ihre Geisteswelt an, die voll von Phantasie, Liebe zu Natur, Menschen und dem Göttlichen war. Mit außerordentlicher Beobachtungsgabe und Einfühlungsvermögen nicht nur zu allem Lebendigen, sondern auch zu alltäglichen Gegenständen, schrieb sie ihre Gedanken und Gefühle in Prosa und Lyrik in einem umfang-reichen Werk nieder.

Trotzdem sich zuletzt ihr Lebensraum auf Größe ihres Bettes einschränkte und sich zudem durch Erblindung in der ewigen Dunkelheit verhüllte, ihre scheinbar unerschöpfliche kreative Quelle sprudelte weiterhin. Erst ihr Tod am 15. März 2017, auf den sie so sehnsüchtig wartete, hat diese Quelle endgültig versiegelt.

Als Freundin begleitete ich sie ihre letzten acht Jahre. Wir haben uns nicht nur gut verstanden, sondern uns ins Herz geschlossen. Ich habe sie als Mensch geschätzt. Ihr schweres Schicksal ließ sie nicht verbittern. Alle Hindernisse versuchte sie mit viel Mut, Geduld und mit einer guten Portion Humor zu meistern.

Vor ihrem Ableben vertraute sie mir ihr gesamtes Lebens-werk an mit der Bitte, ihr Vermächtnis unter die Menschen zu bringen. Dieses Vorhaben konnte sie wegen mangelnder Gesundheit nicht selbst verwirklichen.

Und dieses erste kleine Buch erlaubt einen Einblick in die andere, heute oft verdrängte Welt unserer Vergänglichkeit, mit der früher oder später jeder konfrontiert wird. Für Barbara Mitteis war dies ihr tägliches Programm. Sie wusste sehr gut, wovon sie schrieb!

Ich bin meinem Schicksal sehr dankbar, dass ich ihr, die für mich ein wichtiger Lichtträger und Wegweiser war, in meinem Leben begegnet bin.

Milena Mandel 2023

Gesundheit ist ein schönes Wort,
doch meistens nicht von Dauer.
Es zog schon lange von mir fort,
und machte mich drum schlauer!

Die Krankheit scheint ein übler Laut –
und alle Welt seufzt: „Grässlich!"
Mein Urteil, wenn man's recht beschaut:
GESUNDHEIT macht oft hässlich!

Der Körper ist ein übler Knast
mit seinen tausend Zellen!
Auch wenn du nichts verbrochen hast,
bekommst du ein paar Dellen!

Du brummst die dunklen Zeiten ab
auf einer Polsterpritsche,
denkst an die Peitsche, an das Grab
und an den Friedrich Nietzsche.

Ein wenig Knochen, Fleisch und Blut
die Seele fest umklammern.
Mäht dich der Sensenmann, wie gut,
dann hörst du auf zu jammern!

Vor gut zehn Jahr' und ein paar Wochen,
da hat der Doktor festgestellt –
ich trüge mit mir schwache Knochen
und ginge schräg durch diese Welt!

Und auch am Kalk würde es liegen,
das Rückgrat endete schon krumm.
Ich müsst flach auf dem Rücken liegen
und möglichst fragen nicht warum.

Seitdem, ich kann es fast beschwören,
trink ich nun täglich meinen Kalk.
Im Kreuz kann ich es knacken hören
und in dem Nacken sitzt der Schalk!

Mein guter Doktor, der verschreibt
mir meine vielen Pillen,
und hab ich diese einverleibt
sie Schmerz und Hunger stillen.

Ich trinke Tee von Wies und Feld,
beim Schaffen ich recht schwitze.
Betrachte schweißbeperlt die Welt,
erzähl mir selber Witze ...

Das eine Wort – es heißt „gesund"
Wär' mir der größte Schatz!
Ich bin schon zehn Jahr ,auf dem Hund'
die Pillen für die Katz'?

Ich lieb das Lachen und die Freud
und gar nicht Weh und Tränen.
Ich fürcht' mich vor der schlimmen Zeit
und auch vor schlechten Zähnen.

Das Fröhlichsein und Glück - gewiss,
es ist halt nicht von Dauer.
Wann kommt der Herbst und das Gebiss?
Ach - wüsst' ich's nur genauer!

Ich lieb das Lachen und die Freud
und lern die Sorgen tragen.
Bis jetzt hat mich nicht viel gereut,
nur meine Zähne plagen ...

Ich sag: Du lieber, guter Gott -
du gabst sie mir zum Kauen.
Der Zahnarzt kann mir dann zur Not
die dritten Kauer bauen.

Ich lieb das Lachen und die Freud
und hab's nicht eilig heuer.
Denn erstens ist der Herbst noch weit
und zweitens sind sie teuer!

Gesundheit sagt man zu der Nase,
die niest.
Gesundheit sagt man mit dem Glase,
wenn man begrüßt.

Gesundheit wünscht man allerorten.
Wo es auch sei.
Gesundheit nicht allein mit Worten –
Herz sei dabei!

In Regalen wohlgeordnet
stehen, liegen Medizinen,
die der Arzt ‚Rezept – verordnet'
und zur raschen Heilung dienen.

Tuben, Pasten, Kräuter, Gräser,
Tropfen, Elixiere, Pillen,
Pflaster und auch Dragée-Gläser,
Pfefferminz, Veilchenpastillen,

Tinktur, destilliertes Wasser,
Halskrawatten, Binden, Gase ...
(wird das Wetter feuchter, nasser
Taschentücher für die Nase!) ...

Warten in der Apotheke,
wenn Wehwehchen uns ereilen.
Pharmazeut hinter der Theke
möchte Rat und Hilf' erteilen.

Stößt im Mörser – zum gesunden –
Arzenei, auch Fenchel klein,
ob im Herzen sind die Wunden
oder sonst wo merkt er fein.

Und für einen schlimmen ‚Haxen'
gute Salbe will er reichen,
gegen Dummheit nicht gewachsen
Kraut … da muss Geduld ausreichen …

Gibt Tabletten gegen Krämpfe
und umsonst manch gutes Wort,
Kamill', Heublum' für die Dämpfe
Apotheke – welch ein Hort!

Für die Kranken und die Schwachen,
Hypochonder, Psychopathen,
jedem dienen diese Sachen
manchmal mit – meist ohne Schaden.

Ich kenne einen Spiritus,
den einen ‚Geist' und auch Genuss,
den andern eher eine Sucht
und Fallen in die Grabesschlucht.

Ich hab den Schnaps einmal probiert
im Winter, wenn's mich fröstelt, friert,
da ist er Heizung ohne Kohle
und wärmt wie dicke Schafeswolle.

Besonders Leute mit Verstand,
die lieben Geist und in der Hand
die Flasche mit Prozent, Promillen
und leiden unter schwachem Willen.

Dann gibt's noch eine andre Sorte –
doch fehlen mir jetzt rechte Worte …
Die trinken ‚Geist' in vollen Zügen,
obwohl sie nie den richt'gen kriegen!

Oh Gott, du siehst, es ist mein Blut,
das mir zu schaffen macht!
Der Lebenssaft ist nicht mehr gut,
im Körper eine Schlacht.

Kein Arzt kann helfen, wie du weißt,
die Krankheit birgt den Tod.
So fühle ich mich oft verwaist
in meiner großen Not!

Nur du kannst heilen, das ist wahr,
es hilft ja keine Welt!
Ich leide schon so viele Jahr,
ein Wundermittel fehlt!

Oh Gott, du siehst, es ist mein Blut,
ich sieche elend hier!
Ach, mache du es wieder gut –
es liegt allein an dir ...

Der Mensch trägt schwer an seinen Pfunden,
schlägt sich meist selbst die größten Wunden,
schleppt müdes Fleisch und schwache Knochen –
und wenn er stirbt, der Stolz gebrochen!

Errechnet haben Pathologen,
dies aus den Fingern nicht gesogen:
Gerippe, Spurenelemente,
die Bänder, Sehnen und Fermente
für ‚Dreizehnmarkundfünfundsiebzig‘
fühlt sich dies Häuflein Elend wichtig!

Und doch, was bildet es sich ein?
Der Schöpfung Krone hier zu sein!
Schaut gern auf ‚Niederes‘ herab,
liegt nach dem Tod gering im Grab.

Wird Staub und Asche, Mensch zerfällt,
ist bald vergessen in der Welt.
(Die Seel‘ erhebt dich, kleiner Wicht –
Dein Drum und Dran, das macht es nicht!)

Kopf und Herz sind

in der Jugend	zwei Feinde
in der Mitte des Lebens	zwei neutrale Staaten
und im Alter	zwei Verbündete

Der arme Tropf läuft schon seit vielen Jahren
zum Spezialisten, alles tut ihm weh!
Und außer seinen grauen, schütt'ren Haaren
bekam er mittlerweile einen schlimmen Zeh ...

Viel Hilfe konnt' der Arzt ihm nicht erteilen,
dafür schickt er die Rechnung flink ins Haus.
Und bei dem Kranken tun die Übel hübsch verweilen,
dabei sieht der schön rosig und so blendend aus!

Er hat es satt, weil er kein Hypochonder
und setzt sich einen Mullbind-Turban auf.
Jetzt aufgepasst, geschieht das große Wonder:
Er gilt als krank, verlassen Sie sich drauf!

Sie bringt den stärksten Mann zum Schwitzen,
die Wunderwaffe kennt man gut!
Der eine ‚Held' kann kaum mehr sitzen,
der andere zerknüllt den Hut …

Ohne Erbarmen pikst die Nadel
und findet selbst den kleinsten Fleck.
Wie zittert da so manches Wadel:
‚Gefahrenzone, Mensch lauf weg!'

Von zarter Hand gekonnt getroffen –
die Spritze ist dann süß und lind!
Bei groben Fingern Opfer hoffen,
dass gut markiert Fluchtwege sind …

Wenn ich im Wartezimmer sitze
und wegen meiner Spritze schwitze,
dann kühlt mich wie ein Sommerregen –
der ganze, schöne ‚Krankheitssegen'!

Der eine übertrumpft den andern,
erzählt von seinem Ärztewandern.
Von Pocken, Scharlach, Diphterie,
beklagt das angeschlag'ne Knie.

Der andre prahlt mit ‚schwachem Herzen',
am schlimmsten seien Rheumaschmerzen.
Die Gicht und fast die Cholera,
die bracht er mit aus Afrika.

Die Dame in der engen Hose,
sie plappert unbekümmert, lose
und trägt den Zucker in der Tüte,
wohl auch im Leib, du meine Güte!

Dem kleinen Jungen läuft die Nase,
es äugt aus seinem Brillenglase
der Hypochonder – ist empört,
dass er in ‚Addition' gestört!

Der alte Herr hat's mit dem Magen,
ich kann mich über NICHTS beklagen.
So wart' ich halt auf meine Spritze,
und hör' und staune, frier' und schwitze!

Die Knochen locker, Quietsch-Scharniere,
so krabble ich ‚auf alle Viere'
zum Doktor, er dreht mit Geschick
den Kopf und setzt zurecht Genick!

Greift unter Achseln, hebt mich aus,
ein kleiner Schrei fährt mir heraus.
Sind Wirbel immer noch verschoben,
dann „streckt" er mich entlang dem Boden.

Der Arzt hat in den Fingerspitzen
Gefühl, vor allem Tastsinn sitzen.
Wenn nach ‚Tortur' ich grade stehe,
spür ich die Wohltat bis zur Zehe.

Danach spann' wohlig meine Glieder,
sag Danke: Übermorgen wieder!
Es hat so schön geknirscht, geklickt –
ich geh nach Haus – zurechtgerückt ...

Ich kann nicht auf dem Rücken liegen,
mich nicht nach links und rechts verbiegen,
versuch' den Schlaf ich auf dem Bauch –
misslingt mir diese Lage auch.
Nur eine Lösung kann ich seh'n:
Ich werd' heut Nacht zum Schlafen steh'n!

Der Doktor sprach: „Die Analyse
sagt aus, Sie haben's mit der Drüse!"
„Ach, Herr Professor!", meinte Krause,
„wat meene Erna is', zu Hause –
die sacht ooch viel, ja viel zu ville!
Vaschreimn Se mer eene Pille
jejen de anjeschwollne Fieße
und jrießen Se die Anna-Liese!"

„Wie geht's?", frägt er den Kranken.
Bevor der reden kann,
sich für die Frag' bedanken,
fängt der Besucher an!

Berichtet bis ins Kleine,
wo's fehlt und was zu viel.
Er sei zu sehr alleine
und, dass er nicht mehr will.

Statt Blumen bringt Bazillen
der ‚Freund' ins Krankenhaus.
Zeigt stolz die Rheumapillen
und putzt die Nase aus.

Ein Schnupfen plagt den ‚Armen' –
Influenza allemal!
Gar niemand zeigt Erbarmen!
Dem Kranken kocht die Gall'.

Der liegt mit Beinesschiene
und hört dem Andern zu.
Ach, seine Duldermiene
sagt: Gib' doch endlich Ruh'!

Wie juckt es in den Füßen!
Es hindert Gipsverband.
So muss er höflich grüßen
und hebt erschöpft die Hand.

Nun die Moral in jedem Fall:
Wenn Kranke du besuchen tust,
dann lass' zu Haus den Sorgenwust!

Ach, mein Doktor trifft die Vene alle Tage!
Aber heute traf mich jene Plageschnake,
ohne, dass sie tat mir etwas Gutes –
sie bediente sich des kranken Blutes!
Sicher war sie keine approbierte
Ärztin, da sie niemals promovierte!
Doch sie spritzte mich in meine Elle
elegant, exakt und auf die Schnelle!
Und nun liegt die graue, spitze Dame
auf dem Boden nach der Blutabnahme!
Mag ihr nun dasselbe Schicksal drohen,
denn sie trank mein Blut mit Protozoen!
Wieder sieht man mal: Vor dem Probieren,
sollte man sein Opfer erst studieren!

Ich habe mich ganz ungezügelt
heut Nacht verprügelt!
Ich schlug mich – mir wurd' selber bange –
auf meine Wange!
Ich folterte – mir selbst zum Schaden –
die armen Waden,
beklatschte – gar nicht zum Entzücken –
den langen Rücken.
Ich haute ohne große Reue
das Knie aufs Neue!
Auf dem Plafond sahen zwei Schnaken
mir zu beim Plagen!
So wurde ich durch die Sadisten
zum Masochisten!

Das ist nun mal sein täglich Brot:
Er wird gerufen in der Not!
Ob Bauchweh, überdehnte Waden,
ob Herznot oder Unfallschaden,
ob Husten, Halsweh, ob Geschnäuz,
schon steht er da mit rotem Kreuz!
Er schaltet ein sein blaues Licht
und tut im weißen Kittel Pflicht.
So manch ein Kreuz er oft nicht bräucht',
wenn er umsonst die Treppen keucht!
Manch blaue Birne brennt vergebens,
sorgt EINER für den Schluss des Lebens.
Und doch, es müht sich auf das Beste
der Doktor mit der weißen Weste!
Und weiß bei allem Weh und Schmerz –
die stärkste Medizin heißt: Herz!

Heut tut mir wieder alles weh,
vom Haarschopf bis zum großen Zeh!
Der Hals schmerzt und die Nase rinnt,
der Rücken plagt, die Stirne sinnt
die ewig alte müde Frage:
Wann kommen einmal bess're Tage?
„Nur ruhig Blut!", sag ich, „es macht sich,
versenkt man dich einmeterachtzig!"

Kaum liegt man in der Wiege,
kommt schon der erste Zahn.
Und nach dem wehen Kriege
klopft der von nebenan.

So öffnet man den Hauern
im Munde Tür und Tor,
verliert sie ohne Trauern,
die nächsten schieben vor.

Und wenn man viel gelitten
nach jenem Trennungsschmerz,
dann liebt man seine Dritten,
die wachsen dann ans Herz!

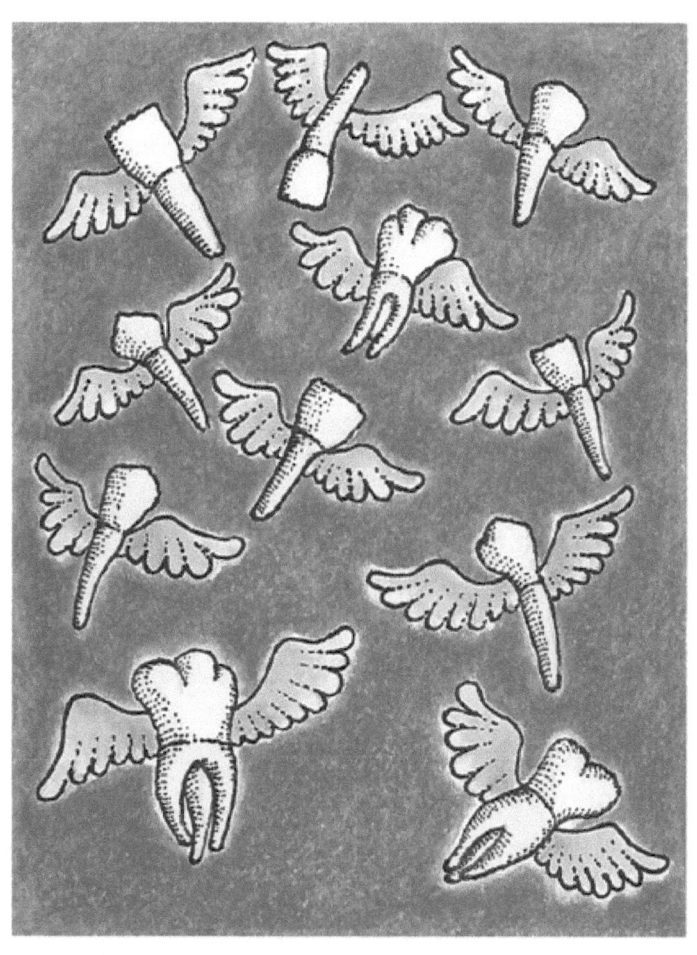

Mein Kauwerk hat kaum Pause,
ob Nahrung oder Wort,
ob Rede oder Jause –
es schafft in einem fort!

Und nachts, wenn ich da wähne,
es gäbe nichts zu tun,
da klappern meine Zähne,
wenn meine Glieder ruh'n.

Feuchtfroh, wie Limonade,
an einem Ruheplatz,
in einem Wasserbade,
spannt aus der Zahnersatz!

Ein Backenzahn wollt' nicht mehr recht genesen
und er beschloss daher, sehr friedlich zu verwesen!
Doch hat der Lebensmüde sich geirrt,
er machte seine Rechnung ohne Wirt!

Der ging zum Klempnermeister Doktor Bange,
und der entwurzelte den Zahn mit einer Zange.
Jetzt ruht er still in einer Plastikdose
und kaut am Schicksal, dieser Heimatlose!

(Manch einer wurd' vertrieben durch die Bomben,
manch anderer durch Bohrer und durch Plomben!)

Es ging einmal ein Backenzahn
auf eine kurze Reise.
In Reih und Glied, ganz hintenan,
da saß er still und weise.

Doch der Besitzer, der ihn trug,
der hat ihn schlecht behandelt.
Was nützt es, ist man lebensklug,
wird man aus Jux verschandelt?!

Wieder ist ein Zahn gezogen,
ohne Zange und Carbol.
Wieder ist mein Kopf betrogen
mit den Wörtchen Weh und Wohl.

Wieder faulte zu den Wurzeln,
was sonst tüchtig hat gekaut.
Und wenn nun die Tränen purzeln,
wurd' halt wieder nichts verdaut.

Wieder schreib ich Verse nieder,
wo ein Schmerz sich nicht gelohnt.
Lieber Gott, ich beiß ja wieder
auf die Zähne – wie gewohnt!

Es saß ein großer, hohler Zahn
im Kiefer nebst zwei Jacketkronen.
Und eine Plombe (Amalgam)
tat füllig in der Nähe wohnen.

Die drei verspotteten das Loch
und sprachen: „Dem ist nicht zu trauen!"
Nichtsdestotrotz, der Zahn tat doch
sehr eifrig alle Speisen kauen!

Grad als der Hohn am ärgsten war,
da wurd' ihm Vornehmes beschieden:
Man füllte ihn mit Kaviar!
(Und seitdem knirscht er ganz zufrieden)

Die Krankheit kann eine Lehrmeisterin sein!
Aber sie verlangt nach Schülern,
die die Unterrichtsstunden begreifen!

Erst ein Niesen, dann das Schwitzen,
später in der Wanne sitzen.
Salben, Wickel, Taschentücher –
auf dem Nachtisch schlaue Bücher

über Gräser, Kräuter, Wurzeln ...
und die Tropfen abwärtspurzeln
von der Stirne, (aus der Nase),
Aspirin im Wasserglase ...

Schüttelfrost und Hustenkrämpfe,
Thermometer, Schluckweh, Dämpfe.
Rote Nase, Augenringe –
Doktor, rasche Hilfe bringe!

Vor zwei Wochen das Rezept
hat Bazillus aufgeschreckt.
Und es klappert das Gerippe:
„Scheußlich, diese Wintergrippe!"

Der Schnupfen kommt – nach alter Sitte –
aus China, jenem Reich der Mitte,
von einem Manne, namens Li,
der sagte: „Ha!" – und machte: „Tschi!"

Heut geht der Schnupfen, dieser Hund,
von Land zu Land und Mund zu Mund
und lässt auf dieser Welt nun jeden
mit „Ha" und „Tschi!" chinesisch reden!

Ein Schnupfen, der die Menschen mag,
sagt zur Frau Nase: „Guten Tag!"
Und höflich, wie ein Mensch halt ist,
sie ihn mit „Hatschi" nun begrüßt!

Jetzt bleibt der Schnupfen ohne Frage –
weil sie so freundlich – vierzehn Tage.
(Vor jedem Gruße, Leser, lieber,
betrachte stets dein Gegenüber!)

Es sprach der Virus zu den Viren:
„Damit wir nicht die Lust verlieren,
probieren wir vereint Hi Hi
zuerst das Ha und dann das Tschi!"

Da sprach die Nase hoch erhoben:
„Ihr könnt nun freilich alle proben,
jedoch mich nicht für dumm verkaufen,
denn ohne mich kann gar nichts laufen! ..."

Es trafen sich zwei rote Nasen
auf einer sehr belebten Straße,
der Wind pfiff laut und es war kalt,
ein Straßenbahnschild sagte HALT!

Sie ratschten, tratschten ohne Ende
und rieben sich die roten Hände,
bis sie dann endlich unter Schniefen
den feuchten Weg nach Hause liefen!

Zwei Nasen standen im Gesicht.
('ne Nase stört dort weiters nicht!)
Doch wollten sich zwei Eskimosen
in ihrem Iglu herzlich kosen,
was leider nicht so richtig ging,
weil grade jenes Nasending,
das eben ins Gesicht gehörte,
die beiden Nordpolen sehr störte!
Nun küssten sich halt nicht die Münder,
sondern die Nasen, was gesünder!

Dies gilt natürlich nur in Grenzen
und nicht für schöne Influenzen!

Ein kleines Näschen namens Rotz
belästigte den Herrn von Potz –
der eigentlich Potztausend hieß –
und reizte ihn: „Na komm schon, nies!"

Von Potz, der wohlerzogen war,
verzog sein braunes Brauenpaar,
hob beide Nasenlöcher zu
und sprach im Rachenraum ein „Q"!

Dies ärgerte das Näschen sehr,
drum zog's ein Bächlein hinterher!
Ach, allem Anstand nun zum Fluch:
Von Potz besaß kein Taschentuch!

Er nahm, wie alle frechen Dinger,
verstohlen jetzt den Zeigefinger!
(Es dient bei einem Missgeschicke
die Hand oft mehr als Adolf Knigge!)

Und müsst ich betteln, müsst ich bitteln:
Bewahre mich vor weißen Kitteln!
Schmerzt auch der Kopf, tut alles weh,
Beschütze mich vor dem OP!
Ich möcht mit andren Instrumenten –
Mit Bass und Harfe – fröhlich enden!

Meine Kraft ist keine treue Magd,
denn sie hat gekündigt und gesagt:
„Ach verzeih, wenn ich ab heute fehle,
wohnt ja noch der Mut in deiner Seele!"

Manchmal macht sie eine kleine Runde
und verweilt bei mir für eine Stunde,
um ins Nichts dann wieder zu entschweben!
Und so muss ich kraftlos, mutig leben!

Ganz abgesehen vom Circus Knie
gibt's andre Kasper! Irgendwie,
bevor im Kopf ich richtig denk,
schon kaspert es im Kniegelenk!

Knacks – ohne richtigen Applaus –
die Vorstellung im Geh'n ist aus.
Hier steh ich nun, ich armer Narr,
mit einem Knie. (Ein halbes Paar!)

Doch wird das andre Knie geschickt
von Meisterhand zurechtgeflickt.
Drum gute Hoffnung: Vorhang auf –
es winkt mir neu der Hausfrau'n Lauf!

Hauptsächlich wegen Gesichtsschmerzen
ging ich zum Neurologen.
Der löste mein Problem auf seine Weise:
seine gescheite Diagnose machte mich kopflos.

Mein linker Fuß schläft gerne ein
und ich muss ihn dann wecken.
Ich hebe hoch das linke Bein
und tu ihn langsam strecken.

Bevor ich aus der Lade steig,
aus meiner weichen Daune,
ich ihm ein kleines Lächeln zeig
und halt ihn mir bei Laune!

Ich geb' ihm meinen Morgengruß,
so wird der Tag erträglich.
Ein Aufsteh'n mit dem „linken Fuß"
ist daher gar nicht möglich!

Mein großer Fußzeh ist ein Held!
Was alles auf ihn niederfällt!
Mal ist's ein Hammer, mal ein Schuh,
mal tritt ein Ochse, mal 'ne Kuh!

Und doch, ist er auch manchmal müd',
mein Fußzeh bleibt in Reih und Glied,
umspannt von Leder, Bast und Filz,
und denkt sich halt: Der Herrgott will's!

Heute geht der Tag durch meine Glieder –
langsam wie ein altes Bettelweib,
lässt sich auf den müden Füßen nieder,
krümmt den Rücken mir und biegt den Leib.

Treibt zwei Tränen in die Augenecken,
schließt die Zähne, klammert meine Faust,
schlägt den Kopf mit einem langen Stecken.
Ob der Tag noch lange bei mir haust?

Lieb ihn nicht und hab ihn nicht geladen,
weiß ihn bald an einem grauen Ort:
Morgen zieht ein langer Engelsfaden
ihn in alle Ewigkeiten fort!

Und es klapperten die Zähne:
„Ach, da kommt sie, die Migräne!"
Und es jammerten die Haare:
„Ach, sie kostet uns doch Jahre!"
Und die Stirne zog sich Falten:
„Wer will so etwas behalten?"
Und der Rücken und die Glieder
klagten: „Oh, nun kommt sie wieder!"
Und es tränten auch die Augen:
„Wichtigtun und doch nichts taugen!"
Selbst die vielgeplagte Seele
seufzte: „Dass sie mich bloß quäle!"
Und es stöhnten beide Ohren:
„Wir sind wieder mal verloren!"
Auch die blassgeword'nen Wangen
stöhnten: „Wird sie nie gefangen?"
Und es klapperten die Zähne:
„Nieder mit dem Biest Migräne!"

Da erlag sie in dem Bette
einer weißen Schmerztablette!

Ach, ich brauche sie, die runde,
schmerzvergessene, ungesunde,
weißgedrehte Schmerztablette –
und ich sag: „Den Tag mir rette!"

Manchmal, wenn ich sie halbiere,
viertele und drangsaliere,
denk ich bei des Pulvers Feilen:
‚Sie muss meine Schmerzen teilen!'

Doch im Sprudel hüpft sie fröhlich,
und ich trinke sie allmählich,
um mich wieder einzubetten
und ein wenig Schlaf zu retten!

Einem Kranken kann eine
Blumentapete mehr bedeuten,
als einem Gesunden die schönste Wiese.

Ach, ihr lieben, alten Schmerzen
lauft einmal an mir vorbei!
Um mit viel Humor zu scherzen:
Nehmt euch heute einmal frei!

Ihr habt Ausgang für drei Tage,
weil mein Inn'res gar nicht grollt,
und so könnt ihr – ohne Frage –
geh'n, wohin ihr eben wollt!

Hab euch niemals eingeladen,
doch ihr zwängt euch förmlich auf!
Meinetwegen geht auch baden,
ohne euch ich gern verschnauf'!

Grad, wie ich die Zeilen schreibe,
tut mir wieder alles weh –
und der Hauptschmerz sagt: „Ich bleibe!
Und der Hoffnung sag' Ade!"

Es bläht der Lauch,
die Zwiebel auch!
Im Bauch der Kohl
verursacht Groll.
Manch' Schinkenscheib
krümmt Deinen Leib!
Zu fetter Braten
will Magen schaden!
Das viele Süße ...
Bauchspeicheldrüse!
Delikatessen?
Kannst du vergessen!

Drum denk beim Kochen
an deine Knochen,
die Innereien
– magst mir verzeihen –
falls Hirn du hast:
Statt schlemmen, fast'!

Ich finde, es wird dem Gewicht viel zu viel Gewicht beigemessen!

So mehr sonst Wert auf Fülle gelegt wird, sei es mit der Ausstattung eines Raumes oder der Ausstattung eines Geistes, so sehr verliert die Fülle an Wert, ist der Körper eines Menschen angesprochen.

Früher sagten bekümmerte Leute zu mir: „Sie sind ja viel zu dünn! Sie müssen viel mehr essen!" Und als ich ihre Kümmernisse beseitigte und Fülle bekam, da sagten die Leute: „Sie sind aber sehr in die Breite gegangen!"

Und dabei bin ich dann gar nicht in die Höhe gegangen, sondern ich übte mich im Lächeln und in der Nachsicht.

Große Leute mit großen geistigen Fähigkeiten hatten Leibesfülle. Ich erinnere da nur an einen Heiligen Augustinus, an eine Kaiserin Maria Theresia, an einen Pfarrer Kneipp, und so lasse ich mich überhaupt nicht aus der Ruhe bringen, wenn die lieben Mitmenschen mir ihren Kummer äußern.

Ich befinde mich nicht mit ihnen in bester Gesellschaft, sondern mit jenen Menschen, die den Äußerlichkeiten keine

Frondienste leisten. Es gibt eine Fülle von Dingen, mit denen ich mich beschäftige. Und ein Gespräch, das gut abgerundet ist, erfreut mich mehr als eine „gotische Gestalt" mit spitzem Ausdruck!

Aus meiner früheren Dürre weiß ich, dass die Nerven nicht gut eingefettet waren. Für die heutige Zeit braucht man aber Nerven wie Bahnschienen, und wenn es auch kein Zug der Zeit ist, ich möchte mir meine Fülle in jeder Hinsicht bewahren!

Der Mensch isst immer mehr vom Schwein,
zunehmend wird er so gemein.
Verroht im Wesen speckt er ab,
sein Schlachtplan: Kampf dem frühen Grab!
Er spielt Gevatter Tod ein Schnippchen
und (fr)isst bald wieder Kassler Rippchen.
Neue Diät folgt auf das Mästen,
bis er besteht aus 'Knochenresten'!

Moral:

Iss lieber deinen Hafer, Gerste,
dass du mal wieder menschlich werste!
Denn durch gesundes Mahl: Getreide,
legst 'n Löffel nicht so schnell beiseite!

Willst du den Speck verlieren – esse
die Löcher von dem Schweizer Käse,
schnapp viel und gerne frische Luft,
genieße nur den Kaffeeduft,
trink von dem Selters bloß die Bläschen
und kaue täglich zwei, drei Gräschen,
iss von der Brezel leere Schlingen,
so wird dir die Diät gelingen!
(Dann zupfst du bald nach dem Befolgen
beim heil'gen Petrus Schäfchenwolken!)

Übrigens: Die Rezeptschreiberin lebt schon lange
alleine von der grauen Theorie!

Wie komisch ist die Analyse:
MONDWÖLBUNG heißt die hohe Stirn.
Die ERBSE ist die Hypophyse
und einer WALNUSS gleicht das Hirn.

Nicht fehlen darf der KIRSCHENMUND,
der PFIRSICHTEINT, ORANGENHAUT.
Das GAULSGEBISS lacht gelb und rund,
der GÄNSEHALS ist hoch gebaut.

Nun kommt auch noch der ENTENGANG
und der Verstand von einem SPATZEN –
und aus der Kehle KATZENSANG –
mehr kann man nicht an ihm verpatzen!

(Vom Schöpfer ist die Sprache nicht.
Der Mensch gab ihr Gestalt, Gesicht!)

Ich bin in keinem Turnverein
und laufe nicht zum Kegeln.
Ich muss bei keinem Fußball sein
und brauch auch nicht zu segeln!

Ich beuge täglich oft mein Knie
und streck mich zu Regalen.
Für meinen Turnclub muss ich nie
die Mitgliedschaft bezahlen.

Mein Haushalt hält mich Hopp hopp hopp
auf Trapp und lehrt mich springen.
Und bin ich müd' nach dem Galopp,
dann kann ich Händeringen.

Ich bin mein eigner Turnverein,
in dem ich meistens glänze.
Nur hie und da, da kann es sein,
dass ich ihn auch mal schwänze!

Der Doktor sitzt am Krankenbett,
misst Puls und Herzenstöne.
Dem Kranken aber, matt und fett,
dem klappern sieben Zähne.

Der Arzt verbietet nun Herrn Palm
die letzte Zigarette.
Da steigt der weiße Filterqualm
aus Palmens Federbette.

Der Doktor schimpft sogleich empört:
„Sie halten mich zum Narren!"
„Ich rauch", verspricht Herr Palm verstört –
„fortan nur noch Zigarren!"

Lebenslänglich dazuhocken
kommt halt vor,
und da wird er eben trocken –
der Humor!

Eine Niere sprach zur andern:
„Lass uns wandern!
Irgendwo in diesem Leibe
Gibt's 'ne Kneipe!"

Und es frug das linke Nierchen:
„Auf ein Bierchen?"
Und sie wollten auf der Stelle
zu der Kehle.

Unterwegs in Richtung Galle
war er alle,
jener Mut ... zum tücht'gen Trinken
tat nun sinken.

Und so wanderten die beiden
still zurück zum alten Leiden!

Bitterböse sprach die Galle:
„Oooo, mein Gift ist längst nicht alle!
Niemals werd' ich überdrüssig
meiner Gallertmasse, flüssig!
Und man höre und man staune –
ich schaff immer schlechte Laune,
Neid und Hass und Zank und Streit
und vor allem Übelkeit!"
Sprach's und tat dem Körper weh
und verschwand in dem OP.

Selbstbewusst sprach die Rachitis:
"I make ill and faint, so it is!"
Englisch sprach sie und gebrochen,
und da bogen sich die Knochen,
und sie litten alle leider
auf gut deutsch und tapfer weiter!

I make ill and faint, so it is =
Ei mäik ill änd feint, sou it is =
Ich mache krank und schwach,
so ist es!

Es pocht der Puls
von dem Herrn Schulz
und hat halt seine Mucken.

Mal geht er schnell,
um auf der Stell
nur lustlos noch zu tucken.

Es strickt Frau Schulz
für jenen Puls
ein Wärmerchen zum Tragen,

zwei links, zwei rechts
des Zopfgeflechts
den armen Puls nun jagen.

Die Pillen aus des Doktors Tasche
sind besser als die feinste Masche!

Der Daumen, der drückt meistens drauf,
der Zeigefinger weist hinauf,
der Mittelfinger meint bloß: „Bitte,
lasst mich stets Ausgleich sein und Mitte!"
Der Ringfinger, der sagt: „Ich freu
mich über jede Art von Treu!"
Und nur der Kleinste mag nichts sagen –
er hat halt immer mitzutragen!

Wie eine Ratte, ohne eine Würde,
so nagt der Schmerz.
„Ich trage eine Ungeheuerbürde!",
so klagt das Herz.

Die Qualen sind wie hundert kleine Läuse,
oh Weh und Graus!
So liegt der Mensch in seinem Bettgehäuse
und wird zur Maus!

Wieder lieg ich in den Kissen
und ich frag: „Wozu der Schmerz?"
Nur der Himmel wird es wissen –
also, klage nicht, mein Herz!

Eine Antwort auf die Frage
wird mir doch nicht präsentiert.
Und in dieser Lebenslage
schau ich eben großkariert.

(Bettbezug und auch die Kissen
sind kariert. Das muss man wissen!)

Mein armes Herz, es darf nie ruh'n,
es hat den ganzen Tag zu tun.
Und weil es niemals Urlaub macht,
so schafft es nun auch Nacht für Nacht.

Was Wunder, wenn es fortpressiert,
wird es oft überstrapaziert!
Und wenn es überdrüssig zeigt:
IN DIESEM VORHOF WIRD GESTREIKT!

Es stolpert, holpert, steht und rennt
und klopft und bumpert vehement.
Und eines Tages macht es KLICK
und mit mir stirbt mein bestes Stück.

(Wie hat es mein Verstand so gut –
ich frag mich manchmal, was der tut?!?)

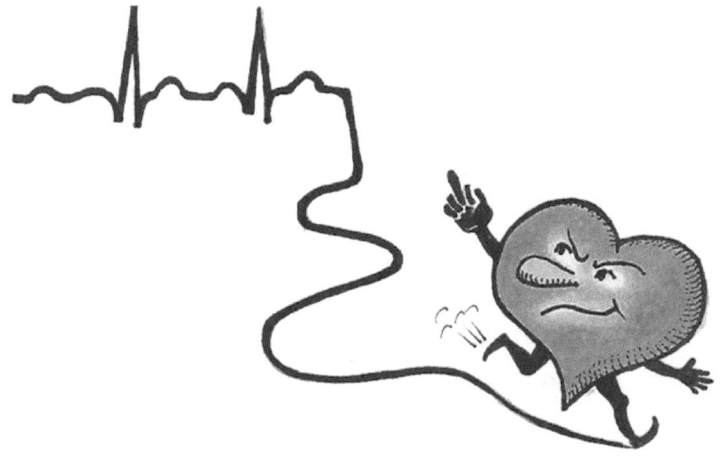

Ein Herz schlägt falsch,
wenn es statt ticktack Taktik macht!

Mein Herz, das ist ein Runkelacker,
die Furchen gehen längs und quer.
Oft pflüg' ich's um mit viel Geracker,
oft holpert es: „Ich mag nicht mehr!"

Mein Herz ist eine Berghangwiese,
denn alles ist ihm viel zu steil,
und wenn ich auf den Gipfel düse,
verschnauf' ich dort nur kurze Weil.

Mein Herz ist kein gepflegter Rasen,
kein grün gestrichener Zement.
Ich lass' mein bisschen Dummheit grasen –
und hoffe, dass es weiter rennt!

Weil ein Herzchen niemals parkte,
darum ging es dem Infarkte
schnurstracks zu.

Und nun kriegt es zwischen Betten
und den eisernen Geräten
keine Ruh!

Hier ein Prüfen, dort ein Messen,
weiße Kittel ganz vergessen,
dass es krank.

Endlich, endlich wird ihm Frieden
von dem größten Arzt beschieden –
GOTT SEI DANK!

Der eine schnarcht und sägt den Wald
und fällt in seine Träume.
Der andre wacht, zählt Schafe halt,
und fällte lieber Bäume!

Es geht wohl nicht, wie jeder möcht,
der eine nimmt stets Tropfen,
der andere – wie ungerecht –
braucht weder Malz noch Hopfen.

Ich nehm', wie Du, den Baldrian
und zähle meine Fichten,
und wenn ich dann nicht schlafen kann,
so muss ich eben dichten!

Weil ich immer noch nicht schlafe,
zähl ich wieder einmal Schafe –
Neunundneunzig sind es bald –
doch es fehlt mir eines halt!

Frisch von vorne angefangen,
so ist mir die Nacht vergangen.
Und, wer ist da schon verwundert?,
ich bring's wieder nicht auf Hundert!

Erst beim Tageslichte brav
denk ich mir: ‚DU bist das Schaf!'

Was will das Wetter überhaupt?
Mein Kreislauf weiß es nicht!
Er hat sich einen Sturz erlaubt,
ganz außerhalb der Pflicht!

Er denk wohl:
‚Wenn das Wetter spinnt,
dann spinn ich eben auch!'
Wenn einer sich an nichts entsinnt,
fällt aus so manch ein Brauch!

„Zum Donnerwetter!", sag ich nun
zum Kreislauf, der nicht mag,
„du hast doch wirklich nichts zu tun
den lieben langen Tag!"

„Sie müssen mehr an Ihre Gesundheit denken!",
mahnt der Arzt den Kranken und er gibt ihm
ein Rezept mit auf den Weg.
Nach vierzehn Tagen erscheint der Patient
und der Mediziner fragt: „Haben Sie auch
an den großen langen Morgenspaziergang
gedacht?"
Und der Patient antwortet: „Und wie!
Aber gottlob musste ich die Strecke ja nicht laufen!"

Immer Hektik und Betrieb –
immer eine Eile.
Immer Zeitdruck, der verblieb,
niemals ein Verweile!

Immer Ärger und Verdruss
mit dem Vorwärtslaufen.
Komm es, wie es kommen muss –
ich will nun verschnaufen.

Aufgezogen wie die Uhr
bleib ich auch mal stehen,
um die ganze Tagestour
hübsch zu übersehen.

Doch die Arbeit drängt sich auf,
schubst mich, wie ein Zeiger.
Schon beginnt mein Dauerlauf
wie ein Bergbesteiger!

Wie viele Nasen in die Welt verreisen,
kriegen von dem Fliegen nie genug.
Unter all den vielen Nasenweisen
gibt es leider auch den Pollenflug.

Hitscha-Hatschi heißt das Land des Niesens,
Tempo ist dort immerzu gefragt.
Und die Sitte jenes flotten Grüßens
hat dem Singlaut Guten Tag gesagt.

Mach das Fenster auf zu deinem Garten,
atme ein den bunten Blütenstaub,
ach, die Nase kann es kaum erwarten,
bis im Herbst verreist das trockne Laub!

Schmerzen kommen, Schmerzen gehen –
manch ein Schmerz geht nie hinaus.
Doch ich will es fröhlich sehen,
sag: „Dann bleibst du halt zu Haus'!"

Drinnen in der Herzenskammer
sitzt er in der tiefsten Eck.
Da Humor und dort der Jammer,
beide wollen nie mehr weg!
Harmonisches Alltagsrezept.

Wenn man hat, dann nehme man:
Etwas gute Laune.
Ruhe von dem Baldrian.
Zauber der Alraune.

Von dem Stoeckel etwas Lieb.
Von dem Pfeffer Würze.
Die Geduld durchs Küchensieb.
Von dem Schnittlauch Kürze.

Von der Zwiebel einen Zeh,
den man kann betreten.
Von dem Wermut nur das W.
Glockenblümleins Beten.

Sonnenblumens Sonnenglück.
Schatten der Morelle.
Augentrostens Augenblick.
Der Kartoffel Pelle.

Alles alles sei nun dein
vom Gemüsegarten.
Bitterklee und saurer Wein
sollen draußen warten!

Der Gallenstein, der hat getanzt,
der Zahn sich hinterm Schmerz verschanzt.
Das Herz, das raste wie ein Zug,
die Niere meldete: „Genug!"

Der Rücken tat vom Liegen weh,
Entzündung wollte nicht mein Zeh.
So hatte ich – ganz ohne Frage –
an Fasnacht meine tollen Tage!

Wenn ein gescheiter Schnell-Tourist
drei Tag im Stiefellande ist,
und Italienern – ohne Wert –
Bella Italien erklärt,
dann ist das sicher ohne Frage
nicht komisch, sondern eine Plage!

Ist einer etwas angeschlagen
und will dem Mensch mit sieben Plagen,
der lebenslänglich Krankheit hat,
nicht braucht den ganzen Wortsalat,
aufrichten mit zu viel Traktätchen,
der hat zum Himmel gar kein Fädchen!

Die Salbungsvollen, die zerstören,
statt ganz barmherzig zuzuhören!
Wie gut tut so ein Mund, der leis
zum Kranken sagt: „Ich weiß, ich weiß!"
Wie gut tut eine warme Hand,
die wärmer als das Stiefelland?!

Man sieht sie
und bemüht sie
mit Krabbeln und Tapsen,
mit Ansporn und Klapsen,
im aufrechten Gehen,
im steigenden Verstehen,
im Keuchen und Schnaufen,
im langsamer Laufen,
im staunenden Verhalten,
im Zitterkniebehalten,
in erschreckender Steile,
in alternder Weile,
im Geländerklammern,
im Stöhnen und Jammern.

Und man sieht sie
und flieht sie!

Mit 10, und das ist doch das Schöne,
hat man bereits schon wieder Zähne.
Mit 20 reißt man Bäume aus.
Mit 30 hofft man auf Applaus,
Mit 40 braucht man noch den Schwung.
Mit 50 ist man nicht mehr jung.
Mit 60 denkt man an die Rente.
Mit 70 will man noch kein Ende.
Mit 80 wird das Leben schwer.
Mit 90 hofft man auf nichts mehr?
Vielleicht, dass man einmal mit 100
als Zeitungsfoto bewundert?

(Ach, hätt' der Mensch doch mehr Verstand,
er kriegt schon seinen Zeitungsrand!)

Erst baut man auf,
dann baut man ab.
So geht der Lauf
bis hin zum Grab.

Erst Trippelschritt,
dann große Hast.
Und nach der Mitt'
kommt bloße Rast.

Erst Milch und Brei,
dann Tischgenuss.
Dann Einerlei
und Brei und Mus.

Erst Zahn um Zahn –
und großer Mund.
Dann schweigt er an
im Lebensschwund.

Erst Eigensinn
und Sand und Wind.
Dann geht man hin
und wird zum Kind!

Hurra! Jetzt werd' ich auch ein Wechselbalg,
ich komme nämlich in besagte Jahre!
Ganz langsam rieselt schon der erste Kalk,
ganz langsam wachsen mir die grauen Haare!

Und schneckenlangsam werd' ich auch versteh'n,
warum ich Meter laufe, statt den Meilen.
Im steten Wechsel schnell und müde geh'n,
um mich von meinen Wünschen abzuseilen!

Was hat er bloß schon mitgemacht –
mein armer Kopf, er träumt und wacht,
er denkt und lächelt und er weint
und hat geplant und hat gemeint.

Mein Kopf, der rechnet mit dem „falls"
und sitzt mir schräg auf meinem Hals.
Und irgendwann bekommt er Ruh'
und macht am End' die Augen zu!

Manch einer hat den Kurbetrieb
für einen ganzen Monat lieb.
Da gibt es Wickel um den Leib
und Güsse, ganz nach Pfarrer Kneipp.

Die Kurler trinken Kräutertee
nach dem Prinzip: Egalité.
Massagen, Bäder, Salbenduft
und jede Menge frische Luft!

Und wenn der Himmel trübe schaut,
dann gibt es eine Regenhaut.
Nach drei, vier Wochen, wie man meint,
ist wohldurchblutet manch ein Teint.

Hat dich am Wickel dein Zuhause,
trink Tee, spazier', benutz die Brause,
häng in den Zuber deine Füße,
denk an die Butterblumenwiese
und an den schönen Kurbetrieb
und hab dein Badezimmer lieb!

Ich denke, viele Nervenkranke
sind in einer Klinik, weil andere,
die eigentlich hineingehören,
die besseren Nerven hatten!

Zwei dünne Nerven geh'n zu Fuß,
das heißt auf Zitterfüßen.
Für keinen gilt ihr schwacher Gruß.
Wozu die Welt auch grüßen?

Sie gehen zum Psychiater stumm,
der soll sie therapieren.
Und wortlos sitzen sie herum.
Wozu ein Wort verlieren?

Und plötzlich laufen sie gerad'
und fröhlich ihre Mienen.
(Der Arzt verschrieb ein Brausebad
und von der Bahn zwei Schienen!)

Und eins und zwei und eins und zwei –
es schinden sich gar viele.
Mein Training geht auch so vorbei,
beim Putzen, an der Spüle.

Und eins und zwei und eins und zwei,
man kann Gymnastik lieben.
Ich hüpfe nicht gern aus der Reih,
Geradsein muss man üben!

Und eins und zwei und eins und zwei.
Mein Turnsaal? Mein Zuhause!
Gestreckt, gedehnt, ich bin so frei
und pfeif mir selbst die Pause.

Und eins und zwei und eins und zwei –
die Welt mag sich verrenken.
Die beste Geisteshaltung sei
im Herzen froh zu denken!

Mein Humor hängt an dem Galgen,
baumelt über meinem Bett.
Krankheiten sind mir wie Algen,
unterm Plumont und mit Klett.

Ich kann ruhen, ich kann wachen
wenn mein armer Kopf nur denkt.
Das sind halt schon ernste Sachen,
wenn das Urteil drüberhängt!

Herr Otto fährt nach Bad Gastein:
Ihn quält ein großer Gallenstein
und dann hat er noch Schmerzen
links unter seinem Herzen!

Die Pankreas und auch die Milz,
der Magen – nun, das Schicksal will's –
machen ihm viel Beschwerden.
(Er muss auch leichter werden!)

Herr Otto fährt von Bad Gastein
nach Hause ohne Gallenstein
und ohne Milz und Magen
in einem Leichenwagen!

Moral:

Behalt die Innereien fröhlich!
Du siehst, man wird sonst sehr leicht selig!

Gestern fiel ein übler Bube
in die Grube, in die Grube!

Krank war jenem Totengräber
seine Leber, seine Leber!

Ferdl trank so manch ein Viertl
bei dem Wirtl, bei dem Wirtl!

Doktor stellte Diagnose:
„Bald Zirrhose, bald Zirrhose!"

Doch der Ferdl, der trank heiter
immer weiter, immer weiter!

Gestern fiel nun in die Grube
dieser Bube, dieser Bube!

Sollte wen zur Ruhe legen,
Dauerregen, Dauerregen!

Er verfehlte bei dem Wetter
nur zwei Bretter, nur zwei Bretter

und verlor in seiner Trance
die Balance, die Balance!

Schmerzlich Trauergäste klagen:
„Herzversagen! Herzversagen!"

Es versagten aber seine
schwachen Beine, schwachen Beine!

Und nun weint der Himmel Wasser!
(Der Verfasser, der Verfasser!)

Er hat ein Herz für Katz und Hund,
pflegt Wellensittiche gesund.
Er spritzt und schnipfelt, näht und heilt,
ist schnell zur Stelle, wenn es eilt,
denn ruft es „Hilfe" durch den Äther,
dann quietschen seine Wagenräder.

Geht es um Leben oder Tod
durchfährt er mit Tatü das Rot!
Schleppt schwere Tasche, läuft und rennt
von Patient zu Patient.
Er leiht sein Ohr dem Psychopathen,
verordnet Wickel um die Waden,
fühlt Puls, misst Blutdruck, sticht die Vene,
entwickelt für Diät die Pläne,
verschreibt Rezepte und Massagen,
legt Arm und Beine in Bandagen,
klebt Pflaster auf, hört ab die Lunge
und sieht so manche böse Zunge!

Bekämpft das Fieber mit Tabletten,
pumpt Mägen aus zum Lebenretten
und holt – falls man ihn einbestellt –
die Babys auf die schnöde Welt.

Er rät zu Tropfen und Pastille,
zapft manchem ‚Blaublut' ab Promille,
pickst sehr gezielt mit seiner Spritze
und weiß die allerneusten Witze.
Schaut in den Rachen, macht Klistiere
und hat ein Herz für Mensch und Tiere!

Er ist im Einsatz für die Kunden
am Tage vierundzwanzig Stunden!
Drum staunt ob so viel Vehemenz
ein kleiner ‚Homo sapiens!'

Sie mag als Engel oder Drachen
auf der Station Kranke bewachen!
Ob mild, ob garstig – dies ich glaube:
Das macht noch lange nicht die Haube!

Ich trag die Brille auf der Nase,
obzwar ich ohne schärfer seh'.
Mein Herz hat auch ein Augenglase
und schaut recht gut auf Glück und Weh!

Doch für das Huhn und für den Gockel,
da fehlt mir leider der Monokel!

Manch eine Medizin wirkt wie ein rüstiges
ältliches Fräulein:
Streng in den Vorschriften,
bitterernst zu nehmen,
kaum genießbar,
aber ungeheuer gesund!

Der eine ist ans Haus gebunden
tagein, tagaus, nonstop, toujours.
Der andre hat sein Glück gefunden
und geht zu Mütterchen Natur.

Warum soll da der Neid wohl quälen?
Schick fort das kleinste -Jämmerlein!
Lass' den von draußen nur erzählen,
er bringt die Welt ins Kämmerlein!

Oftmals löchert uns das Leben,
grade wie ein Schweizerkäs' –
nichts läuft glatt und nichts geht eben,
alles ärgert und ist räs.

Und dann liegt man da zerrieben,
Almen kommen in den Sinn,
Kühe, die den Frieden lieben!
Und die Löcher? Sind dahin!

Man kann richtig krank sein, kann man aber auch recht krank sein?

Natürlich! Der große österreichische Dichter Grillparzer prägte einmal dieses großartige Wort, das der Nachwelt erhalten blieb:

Dies sind wohl Sätze für Fortgeschrittene in der Leidensschule. Aber die Fortgeschrittenen haben ja auch einmal mit Trippelschritten angefangen, und zu den Trippelschrittlern zähle ich mich heute noch.

Warum gebrauchen wir so oft das Wörtchen Warum?

Es macht uns unnötig das Leben schwer, und es führt uns oftmals zu keinen oder zu schlechten Ergebnissen.

Ich entsinne mich, dass ich vor etwa zehn Jahren dieses quälende Wörtchen zu den alten Lumpen gab. Ich wollte es nicht einmal mehr in die große Wäsche tun, denn nach dem

Aufhängen und Trocknen, da hätte es mich nur wieder geplättet. Es ist schon wahr!

Warum lässt der liebe Gott so viel zu? Und da wäre eigentlich zuallererst die Frage zu stellen, warum lässt ER, was Seine eigene Person betrifft so viel zu? Warum all der Spott und Hohn, die Schläge ins Gesicht?

Und als ich mir damals diese Frage gestellt hatte, leuchtete mir ganz langsam ein, dass sicherlich so viele Menschen umsonst krank sind, weil sie neben all den Schmerzen noch dieses kleine Wörtchen quält.

Und dabei führt uns die Krankheit und das Elendsein und die Schwäche weg von uns, wenn wir den unliebsamen Zustand dem lieben Gott schenken. Und darum können wir auch noch so recht krank sein, wenn wir nur recht zu leiden verstehen, dann kapieren wir auch schrittchenweise mehr, und wenn es ein anderer Kranker ist, der uns sein Herz ausschüttet?!

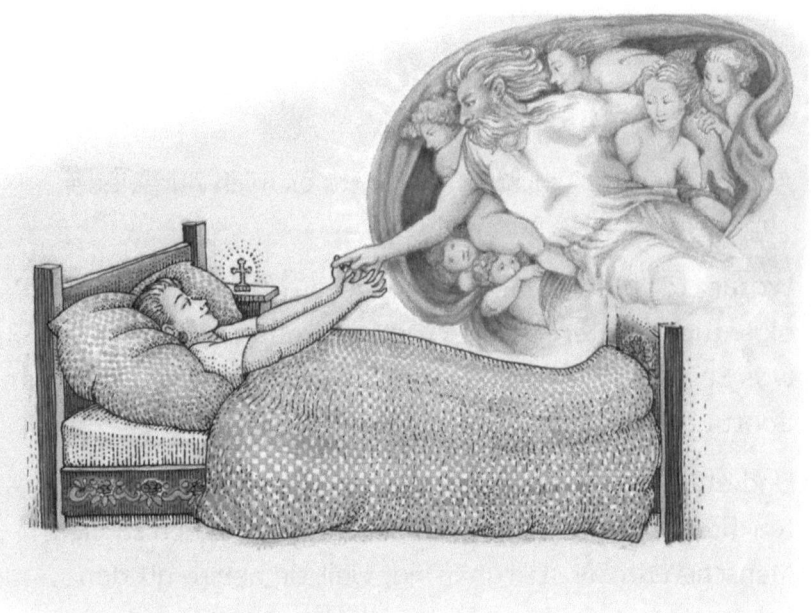

Wenn mich meine Krankheit einmal ganz zu Boden
streckt, dann möchte ich nicht mit dem Tode ringen!
Ich möchte ihm gelassen die Hand reichen!

Zeitfracht Medien GmbH
Ferdinand-Jühlke-Straße 7
99095 Erfurt, Deutschland
produktsicherheit@kolibri360.de